AF381354

DER PRODUKT-LEBENSZYKLUS

Für eine wirkungsvolle
Marketingstrategie

Verfasst von Layal Makki
In Zusammenarbeit mit
Anne-Christine Cadiat
Übersetzt von Mareike Lobeck

Business 50MINUTEN.de

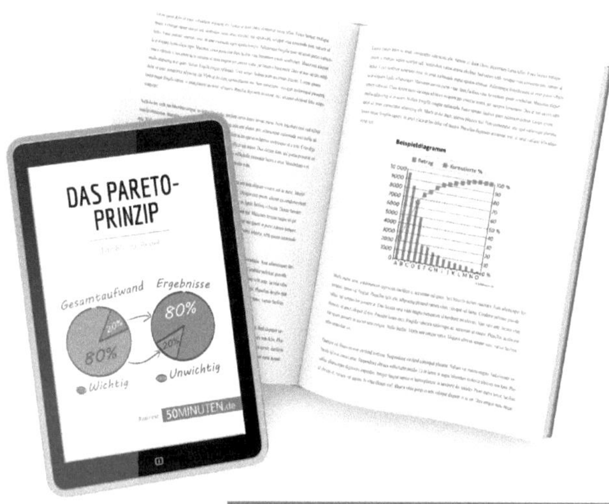

DER PRODUKT-LEBENSZYKLUS

SCHLÜSSELINFORMATIONEN

- **Bezeichnung:** Produktlebenszyklus
- **Anwendungsbereiche:** Die grafische Darstellung der verschiedenen Lebensphasen eines Produkts bzw. einer Dienstleistung verleiht Managern und Entscheidern einen guten Überblick über die entsprechende Situation des Produkts bzw. der Dienstleistung. So können sie sich strategisch ganz auf die optimale Entwicklung und Markteinführung konzentrieren. Dieses Modell findet vor allem im Marketing und im internationalen Handel Anwendung.
- **Warum ist es so gut?** Das Modell ist universell und einfach anzuwenden.
- **Schlüsselwörter:**
  - Skaleneffekt (und Skalenerträge): Man spricht vom Skaleneffekt, wenn bei mehr produzierten Einheiten die Kosten pro Produktionseinheit sinken. Skalenerträge sind konstant, wenn die Produktion proportional zum finanziellen Input ansteigt.

- Ausländische Direktinvestitionen (ADI): Hierbei handelt es sich um internationale Kapitaltransfers von einem Unternehmen, das sich im Ausland vergrößern, weiterentwickeln oder niederlassen möchte. Von dieser Art der Investition erhofft man sich meist, die Produktionskosten durch günstigere Bedingungen im jeweiligen Land zu senken: qualitativ hochwertigere Rohstoffe, niedrigere Löhne, neue Märkte, die erschlossen werden können etc.
- Markt: In der Wirtschaftswissenschaft bezeichnet „Markt" den Ort, wo Angebot und Nachfrage zusammentreffen.
- Prinzip des komparativen Vorteils: Um seinen Wohlstand auszubauen, spezialisiert sich jedes Land jeweils auf die Güter, bei deren Herstellung es am produktivsten ist und daher auch den meisten Gewinn erwirtschaftet. Der britische Wirtschaftswissenschaftler David Ricardo (1772-1823) stellte das Prinzip 1817 in seinem bekannten Werk *On the Principles of Political Economy and Taxation*[1] vor.

---

1. Aktuelle deutsche Auflage: *Über die Grundsätze der politischen Ökonomie und der Besteuerung*. FinanzBuch-Verlag: München 2006.

- Produkt: In der Wirtschaftswissenschaft wird unter „Produkt" ein materielles Gut oder eine immaterielle Dienstleistung verstanden, das/die einen Produktionsprozess durchlaufen hat.
- Marktsättigung: Ein Markt ist gesättigt, wenn die Konsumenten nicht mehr am Kauf des Gutes bzw. der Dienstleistung interessiert sind, oder wenn es keine potenziellen Neukunden mehr gibt.
- Standardisierung: Hierunter versteht man die Herstellung eines Produkts unter Einhaltung gewisser Richtwerte und Produktionsstandards.
- Ausstattungsgrad: Dieser gibt in Prozent das Verhältnis der Anzahl Haushalte, die ein bestimmtes Gut besitzen, zur Gesamtbevölkerung an.

EINLEITUNG

Der strategisch sinnvolle Einsatz von Ressourcen ist für Unternehmen von fundamentaler Bedeutung. Daher wird hier gerade im Marketing kontinuierlich das Verhalten der Kunden analysiert, um herauszufinden, wie diese die angebotenen Produkte wahrnehmen. So mögen manche Produkte bzw. Dienstleistungen zwar momentan zu einem Anstieg der allgemeinen Verkaufszahlen führen, das heißt allerdings nicht, dass dies zwangsläufig auch langfristig so bleibt. Im Gegenteil können sie sogar – ohne den Teufel an die Wand malen zu wollen – sehr plötzlich stark an (wahrgenommenem) Wert verlieren. Dies sollte mit eingeplant werden, damit ein solcher Wertabfall innerhalb des Unternehmens finanziell entsprechend ausgeglichen werden kann.

Definition

Im Kontext der daher zwingend erforderlichen kontinuierlichen Analyse entwickelt der amerikanische Wirtschaftswissenschaftler Raymond Vernon (1913-1999) in den 1960er Jahren ein Modell zum Produktlebenszyklus. Er geht von dem einfachen Prinzip aus, dass alle Güter bzw. Dienstleistungen ähnlich wie Lebewesen verschiedene Stadien durchlaufen. Darauf aufbauend entwirft er eine Lebenskurve, die Geburt, Jugend, Erwachsenenalter, Alter und Tod eines Produkts umfasst. Vernon zufolge sollten dabei vier Hauptphasen unterschieden werden:

- Einführung
- Wachstum
- Reife
- Degeneration

Der Lebenszyklus eines Produkts bzw. einer Dienstleistung weist somit tatsächlich Ähnlichkeiten zu biologischen Lebenszyklen auf: Wie ein Samen, den man pflanzt und der dann keimt, bevor er wächst und schließlich abstirbt, entwickelt sich auch ein Produkt im Laufe seines Bestehens.

DER PRODUKT-LEBENSZYKLUS IN DER THEORIE

Vernon entwickelt die Theorie des Produktlebenszyklus 1966 mit dem Hauptziel, die Spezialisierungsveränderungen zu veranschaulichen, denen Länder im Laufe der Zeit unterworfen sind. Dazu greift er die These des komparativen Vorteils von David Ricardo auf, die besagt, dass nicht alle Länder über die notwendigen Technologie-Kapazitäten verfügen, um Forschung für neue Produkte zu betreiben und diese zu entwickeln. Mit anderen Worten werden nur Länder mit den entsprechenden geeigneten technischen Ressourcen innovative Produkte herstellen. Das Modell kann besonders gut auf bestimmte Produkte angewendet werden, dazu gehören Radio, Fernsehen, Elektronik etc.

Vernon wendet die Theorie auf die USA an, die während der Sechzigerjahre im Forschungs- und Entwicklungsbereich – der ersten Phase einer

Produktionskette – führend sind. Die von Vernon gezogenen Schlüsse können heutzutage auch auf andere Länder übertragen werden, da die USA inzwischen nicht mehr der einzige Wettbewerber im Bereich Forschung und Entwicklung sind. Der Ansatz des Produktlebenszyklus ist wesentlich weiter gefasst und geht über das Konzept des komparativen Vorteils im internationalen Handel bedeutend hinaus, sodass er auf sämtliche Produkte angewandt werden kann.

Vielmehr erklärt der Produktlebenszyklus, warum bzw. wie sich Spezialisierungen von Ländern auf die Produktion eines (oder mehrerer) Produkts/-e im Laufe der Zeit verändern.

PRODUKTLEBENSPHASEN

Vernon zufolge durchläuft ein Produkt vier Phasen, die zusammen seinen Lebenszyklus bilden.

- **Einführungsphase:** Nach Forschung und Entwicklung, die im Vorfeld stattgefunden haben, wird das neue Produkt auf dem Markt eingeführt. Die Phase ist gekennzeichnet durch hohen Investitionsbedarf, einem niedrigen, jedoch wachsenden Verkaufsvolumen und umfassendem Werbebedarf, da das Produkt noch unbekannt ist. Vernon zufolge besitzt ein Land, das ein Produkt entwickelt hat, auf internationaler Ebene einen komparativen Vorteil im entsprechenden Bereich der Forschung und Entwicklung. Dieses Produkt befindet sich zunächst auf dem Heimatmarkt in einer Monopolsituation und wird anschließend auf die verschiedenen Märkte im Ausland exportiert. Das Monopol führt zu einem hohen Verkaufspreis.

- **Wachstumsphase:** In der zweiten Phase besteht eine große Nachfrage nach dem Produkt, welches sich entsprechend gut verkauft. Zudem entwickelt sich, gerade im Ausland, Konkurrenz. Es handelt sich dabei um das Standardisierungsphänomen, dem jedes Produkt unterliegt. Da es nun in größeren Mengen verkauft wird, profitiert das Produkt von Skalenerträgen, wodurch die Produktionskosten sinken und Marge und Profit steigen. Gleichzeitig sinkt der Preis, allerdings nicht sehr stark. Das Marketing wiederum befasst sich in dieser Phase mit der Bindung der bestehenden Kunden und der Akquise von Neukunden.

- **Reifephase:** Die Verkaufszahlen stabilisieren sich in dieser Phase, da alle Hersteller versuchen, ihr Produkt von denen der Wettbewerber abzuheben. So entstehen mehrere Marken und der Wettbewerb nimmt zu. Die Phase ist von sehr niedrigen Stückkosten, einem sehr hohen Verkaufsvolumen und entsprechendem Preiskampf geprägt, was zur Sättigung des Marktes führt. Die Margen der Produzenten nehmen ab, wodurch einige von ihnen gezwungen sind, sich vom Markt zurückzuziehen. Die Marketingverantwortlichen achten währenddessen darauf, dass ihr Produkt seine Top-of-Mind-Position (die ein Produkt innehat, wenn es den Verbrauchern spontan als erstes einfällt) einnimmt oder zumindest zu den bevorzugten Produkten der Verbraucher gehört und sich so weiterhin auf dem Markt halten kann.

- **Degenerationsphase:** Diese letzte Phase führt dazu, dass das Produkt langsam vom Markt verschwindet. Die Nachfrage nimmt stark ab, wodurch Angebot und Produktion ebenfalls zurückgehen. Dem Wettbewerb kann nicht mehr standgehalten werden, der Markt stagniert. Drei Merkmale sind für diese Phase bezeichnend: Der Marktausstattungsgrad erreicht eine Sättigung, zudem ändern sich die Geschmäcker der Verbraucher schnell und schließlich werden neue Produkte auf den Markt eingeführt. Die Preise sinken so stark, dass das Produkt vom Markt genommen werden muss. Ebenso sinken sowohl die Investitionen in Marketingkosten als auch Forschung und Entwicklung. Es wird jedoch häufig weiterhin Produktwerbung vorgesehen, um die Lager aufzulösen und indirekt Ausgaben auszugleichen.

Theoretische S-Kurve des Produktlebenszyklus

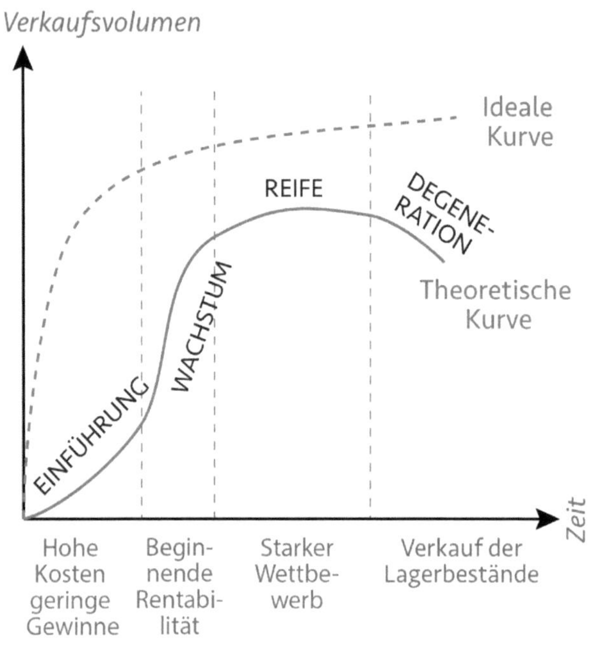

In der ersten Phase wird das Produkt eingeführt. Es wird auf dem Markt zum Verkauf angeboten, wobei entweder schon ein Verbraucherbedarf besteht oder erst noch entwickelt werden muss. Danach nimmt die Nachfrage stark zu:

Die Verkaufszahlen steigen im Laufe der Zeit, da das Produkt ein wachsendes Bedürfnis auf Verbraucherseite stillt. Schließlich erreicht das Produkt die Reifephase, die einer Stagnationsphase entspricht, da der Markt nun gesättigt ist. Damit ein neuer Lebenszyklus für das Produkt beginnen kann, muss ausreichend Nachfrage bestehen, welche durch das empfundene Bedürfnis der Kunden nach dem Produkt entsteht.

Atypische Lebenszyklen

Nicht alle Produkte folgen der S-förmigen Lebenskurve. So kommen einige beispielsweise nicht über die Einführungsphase hinaus, andere scheitern zwar am ersten Schritt, können sich allerdings anschließend trotzdem noch durchsetzen. Wieder andere durchlaufen aufgrund ihrer atypischen Merkmale eine besondere Lebenskurve (z. B. Mode oder Gadgets). Zu den häufigsten atypischen Lebenskurven gehören jene mit doppelten Zyklen (zwei Wachstums- und Reifephasen), mit „Kerbschnitt"-Muster (gleichzeitig unregelmäßiges, aber vielverspre- chendes Wachstum) und jene mit sogenanntem „Wachstum-Einbruch-Reife"-Muster.

Atypische Lebenszyklen

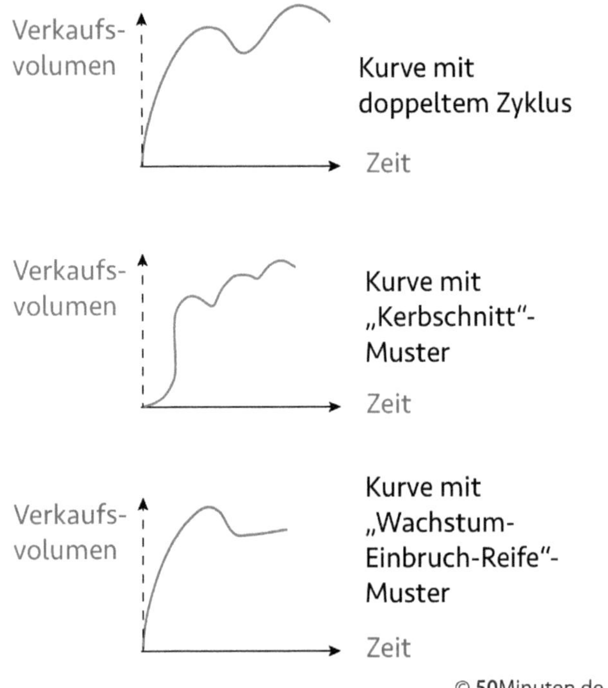

DAS PRODUKT-MARKT-VERHÄLTNIS AUF INTERNATIONALER EBENE

Vernon entwickelt sein Modell basierend auf der Analyse von amerikanischen Unternehmen im Zeitraum 1945-1960, es kann allerdings ebenso als Grundlage für andere Länder dienen. Mit seiner Theorie verdeutlicht Vernon den Nutzen von internationalem Handel und ausländischen Direktinvestitionen, die diesen ersetzen könnten. Vor allem für Länder mit komparativen Vorteilen im Forschungs- und Entwicklungsbereich ist der internationale Handel von großer Bedeutung. In Griechenland und Japan kann ein solcher Trend beispielsweise in verschiedenen Branchen beobachtet werden, vor allem in der Elektronik und Petrochemie.

Das Modell basiert auf der Annahme, dass es eine Verbindung zwischen dem Produkt und dem Markt gibt, auf dem es eingeführt wird. Diese kann in drei Schritten dargestellt werden:

Das Produkt-Markt-Verhältnis auf internationaler Ebene

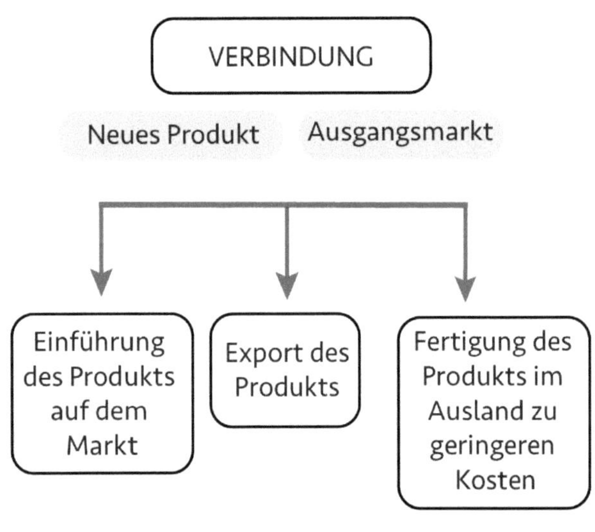

ABHÄNGIGKEIT VON DER KONJUNKTUR

Das Konzept des Produktlebenszyklus ist eine betriebswirtschaftliche Theorie. Während sie einerseits Veränderungen in der Marktstruktur erklärt, gibt sie andererseits ebenso Aufschluss darüber, wie sich die Nachfrage der Verbraucher verändert. Wenn der Markt (in der Reifephase) die Sättigung erreicht, ist die Nachfrage so hoch, dass die Lager neu gefüllt werden, um zu vermeiden, dass das Produkt nicht verfügbar ist und der Verbraucher es nicht erwerben kann. Bei haltbaren Gütern schwankt die Nachfrage, da sie auch von der Konjunktur abhängt. Ein Beispiel dafür ist die Automobilindustrie, wo die Verbraucher warten, bis die Konjunktur für sie günstig ist, selbst wenn das heißt, den Kauf zunächst zu verschieben.

DER PRODUKT-LEBENSZYKLUS: SCHWÄCHEN UND ERGÄNZUNGEN

SCHWÄCHEN UND KRITIK

Das Modell des Produktlebenszyklus weist einige Schwächen auf, sodass bei der Anwendung Vorsicht geboten ist.

- So ist es bisweilen schwierig, die verschiedenen Zyklen zu unterscheiden. Es ist jedoch von großer Wichtigkeit, den richtigen Zyklus für die Analyse auszuwählen und nicht etwa den Lebenszyklus des Produkts mit dem der Produktart, Marke oder Branche zu verwechseln. Dass sich das Tablet der Marke X nicht mehr verkauft, bedeutet also nicht unbedingt, dass der Tablet-Markt nichts mehr einbringt.
- Außerdem sollte bedacht werden, dass die Länge jeder Phase vom jeweiligen Produkt abhängt. Hinzu kommt, dass manche Pro-

dukte z. B. nie die Einführungs- oder die Degenerationsphase durchlaufen, oder auch nie in die Wachstums- oder die Reifephase eintreten.

- Kosten für Forschung und Entwicklung sind für Unternehmen keinesfalls ungerechtfertigt, da der Rückgang eines Produkts definitiv den Bedarf nach Neuem nährt.
- Die Theorie betrachtet zudem lediglich neue Produkte. Sowohl auf dem nationalen Markt als auch im internationalen Handel gibt es jedoch auch andere.
- Der Produktlebenszyklus ist durchaus kein unabhängiger Faktor, der den Weg der Produkte von der ersten Einführungsphase bis zur letzten Degenerationsphase bestimmt. Der Grund dafür ist ganz einfach: Die Marketingverantwortlichen können den Produktlebenszyklus durch strategische Entscheidungen zur Optimierung der Rentabilität beeinflussen.

ERGÄNZUNGEN UND VERWANDTE MODELLE

Der Unternehmenslebenszyklus

Ende des 19. Jahrhunderts entwickelt der britische Wirtschaftswissenschaftler Alfred Marshall (1842-1924) ein an der Biologie orientiertes Konzept, das aus drei Phasen besteht, welche ein Unternehmen durchläuft: Gründung, Reife und Verfall. Der Fokus liegt dabei auf dem jeweiligen Unternehmensgründer und dem Familienaspekt, d. h. dass das Unternehmen jeweils von der nächsten Generation übernommen wird. Das Konzept wurde später von anderen Wissenschaftlern erweitert (wie zum Beispiel 1972 von Larry E. Greiner, der fünf bis sechs Phasen definiert).

Wachstumstheorie

In seinem Werk *Theorie der wirtschaftlichen Entwicklung* (1912) untersucht der österreichisch-amerikanische Wirtschaftswissenschaftler Joseph Alois Schumpeter (1883-1950), der sich in erster Linie mit der Entwicklung kapitalistischer Systeme beschäftigt, Wachstumsphänomene. Ihm zufolge treibt Innovation von

Unternehmen (im Bereich der Produkte, Prozesse, Produktionsmethoden, Absatzmöglichkeiten oder Rohstoffe) das Wachstum an.

Lebenszyklushypothese

In den 1950er Jahren erarbeitet der italienisch-amerikanische Wirtschaftswissenschaftler Franco Modigliani (1918-2003) ein Konzept zur Untersuchung der Konsumentwicklung der Menschen im Laufe ihres Lebens. Dabei sieht er einen Zusammenhang zwischen der Verschuldung und dem Sparverhalten der Konsumenten einerseits und ihrem Alter andererseits. Modigliani zufolge kommt das Vermögen, das während des aktiven Berufslebens angesammelt wurde, für die Ausgaben auf, die entstehen, wenn die ehemals Berufstätigen in Rente gehen. Führt man diesen Gedanken fort, nutzen Menschen während ihrer Jugend die Einkünfte, die von der vorhergehenden Generation während ihres Berufslebens erwirtschaftet wurden.

Theorie des Wettbewerbsvorteils

Dem amerikanischen Wirtschaftswissenschaftlers Michael E. Porter (geboren 1947) zufolge basiert die Strategie, mit der Wettbewerber überholt werden können, jeweils auf dem Vorteil, den ein Unternehmen bereits besitzt (bzw. potenziell erwerben wird). Porter unterscheidet dabei zwischen verschiedenen Vorteilen durch Differenzierung (Anbieter- und Kundenvorteil, die wiederum unterteilt werden). Für ein erfolgreiches Streben nach Marktführerschaft sollte sich die Unternehmensstrategie auf einen dieser Vorteile beschränken.

Die BCG-Matrix

Die von der *Boston Consulting Group* entwickelte Matrix ist ein Strategie-Instrument, das dem Management des Tätigkeitsportfolios dient. Es basiert ebenfalls auf dem Konzept des Produktlebenszyklus. Die Matrix betrachtet den Tätigkeitsbereich (eine Geschäftseinheit) eines Unternehmens unter den Aspekten des relativen Marktanteils sowie des entsprechenden Marktwachstums. Manager bzw. Entscheider können darauf aufbauend strategische Entscheidungen treffen. Die Vorgehensweise ist einfach: Während Tätigkeitsbereiche, die weniger wettbewerbsfähig sind, aufgegeben

werden, wird stattdessen in vielversprechendere
Tätigkeitsbereiche investiert.

DER PRODUKT-LEBENSZYKLUS IN DER PRAXIS

TIPPS UND BEST PRACTICES

Da nicht jedes Produkt unbedingt alle vier von Vernon definierten Phasen durchläuft, können verschiedene Szenarien für ein neues Produkt eintreten. Es ist in der Praxis durchaus möglich, dass sich die Entwicklung eines neuen Produkts als Reinfall herausstellt, sodass es beispielsweise nicht über die Einführungsphase hinauskommt und die anderen Phasen des Lebenszyklus gar nicht erst durchläuft.

Es ist für Unternehmen deshalb sinnvoll, den Produktlebenszyklus in die Planung miteinzubeziehen, da so die Produktion an der Phase, in der sich das Produkt befindet, ausgerichtet werden kann. Nähert sich ein Produkt der Degenerationsphase an, sollte das Unternehmen soweit vorausplanen und beispielsweise

schon ein neues Produkt auf den Markt einführen, welches das alte ersetzen kann. Die
Marketinginvestitionen können ebenfalls an
die jeweilige Phase des Produkts angepasst
werden. Sie sind gerade in der Einführungs- und
Wachstumsphase hoch, nehmen in der Reife-
und Degenerationsphase jedoch ab.

Ein langfristiger Erfolg

Damit das einmal auf den Markt eingeführte
Produkt ein langes und ertragreiches Leben hat,
müssen in jeder Phase bestimmte essentielle
Punkte beachtet werden:

- In der Einführungsphase sollten die
  Marketinginvestitionen recht hoch sein, da das
  Produkt unter so vielen potenziellen Käufern
  wie möglich bekannt gemacht werden soll.
  Der Großteil der Ausgaben entfällt dabei auf
  Werbung.
- In der Wachstumsphase erwirtschaftet das
  Produkt ersten Profit, sollte jedoch trotzdem
  weiter beworben werden. Der Vertrieb wird
  nun wiederum auf größere Märkte ausgedehnt.
- Die sich anschließende Reifephase ist häufig
  von Dauer. Aufgrund des starken Wettbewerbs

herrscht meist ein erbitterter Preiskampf. Daher ist ein Wettbewerbsvorteil gegenüber anderen auf dem Zielmarkt verfügbaren Produkten unerlässlich.

- In der Degenerationsphase verkauft sich das Produkt immer weniger, da der Wettbewerb zu stark wird. Dem Hersteller bieten sich nun zwei Möglichkeiten: Entweder zieht er sein Produkt vom Markt oder er führt es in veränderter Form und mit einem neuen, attraktiven Merkmal erneut ein. Nicht alle Produkte durchlaufen diese Phase; viele bleiben über Jahre hinweg in der Reifephase, da die Verbraucher des Angebots nicht überdrüssig werden, sondern treu bleiben.

Erfolgsfaktoren

Der amerikanische Soziologe und Innovationsexperte Everett M. Rogers (1931-2004) empfiehlt, sich vor der Produkteinführung auf einem bestimmten Markt mit den folgenden Aspekten zu befassen:

- **Mehrwert des neuen Produkts gegenüber bereits auf dem Markt existierenden Produkten:** Wenn das Produkt an sich innovativ ist und ein neues Bedürfnis stillt, hält der

Vorteil an, den das Produkt den Verbrauchern bietet.

- **Vereinbarkeit des neuen Produkts mit den Werten der Verbraucher:** Hier sollte die Frage gestellt werden, ob der Beitrag des neuen Produkts mit den bereits bestehenden Werten und Normen vereinbar ist. Denn nur dann werden die Verbraucher das neue Produkt positiv aufnehmen.
- **Schwierigkeitsgrad der Produktverwendung:** Im Allgemeinen hat ein einfach anwendbares Produkt höhere Überlebenschancen auf dem Markt als ein kompliziertes.
- **Einfluss der Testversion auf die Kunden:** Haben die zukünftigen Verbraucher die Möglichkeit, das Produkt zu testen, stehen die Chancen für einen Durchbruch auf dem Markt höher.
- **Sichtbarkeit des Produkts:** Es handelt sich hierbei um einen nicht zu vernachlässigenden Aspekt bei der Produkteinführung. Ein neues Produkt kann natürlich leichter auf dem Markt positioniert werden, wenn es den Verbrauchern bereits deutlich angekündigt wurde.

Allgemeiner ausgedrückt sollten sorgfältige Hersteller dafür sorgen, dass

- eine geeignete Marktstudie erstellt wird, bevor in Ruhe mit der Forschung und Entwicklung eines neuen Produkts begonnen wird.
- die finanziellen Kosten für die Markteinführung eines neuen Produkts abgeschätzt werden.
- die für die neue Produktion notwendigen Arbeitskräfte ermittelt werden.

Wenn diese Punkte ausgeführt wurden, kann mit dem ersten Schritt, der Einführungsphase, begonnen werden. Ein Erfolg in dieser Phase bedeutet allerdings noch nicht, dass das Produkt (vor allem auf lange Sicht) auf dem Markt bestehen kann. Es ist vielmehr wichtig, dass das Unternehmen auch während der Wachstumsphase sensibel auf Marktbewegungen reagiert, die das neue Produkt betreffen. Dies geschieht beispielsweise durch kontinuierliche Ergebnisanalysen, das Produkt muss in dieser zweiten Phase zu jeder Zeit anpassbar sein. Um das Überleben des Produkts auf dem Markt sicherzustellen, ist es zudem wichtig, besondere Werbekampagnen einzuplanen.

Selbst wenn die Einführungsphase des Produkts kein Misserfolg war, ist die Entwicklung hier noch nicht abgeschlossen, sondern wird in der Wachstumsphase weitergeführt. So kann ein Unternehmen, dass schon eine Palette an ähnlichen Produkten vorgesehen hat, diese jederzeit einführen und das Produkt dementsprechend anpassen.

Einführungsstrategien

Für die tatsächliche Markteinführung des Produkts sind verschiedene Strategien möglich:

- **Imitationsstrategie:** Dabei besteht das Risiko der Vergleichbarkeit, da es sich um die Einführung von Produkten handeln, die einem Produkt ähneln, das bereits auf dem Markt besteht.
- **Differenzierungsstrategie:** Diese Strategie verlangt nach Originalität, da sich das Produkt mit einem innovativen Merkmal von der Konkurrenz abheben muss.
- **Nischenstrategie:** Die Differenzierung wird hier durch die Einführung des Produkts auf einem Markt erreicht, der zwar geringes Potenzial hat, bislang jedoch ungenutzt ist.

- **Innovationsstrategie:** Die Einführung eines komplett neuen Produkts ist recht selten. Da es auf dem neuen Markt noch keinen Wettbewerb gibt, versucht das neue Produkt, einen ebenfalls neuen Bedarf der Verbraucher zu stillen.

Das oberste Ziel der Manager ist in dieser entscheidenden Phase, das neue Produkt bei so vielen potenziellen Kunden wie möglich bekannt zu machen. In den meisten Fällen ist dabei eine bewährte und zielgerichtete Kommunikation (Werbung) unerlässlich, damit das Produkt erhöhte Sichtbarkeit genießen kann: Verbraucher, die über die Markteinführung informiert wurden, beschließen, das Produkt zu testen bzw. zu kaufen. In dieser Phase sollten Manager nicht davor zurückschrecken, noch höhere Beträge in die Werbung zu investieren, obwohl im Gegenzug noch keine Einnahmen verzeichnet werden können.

Wachstumsstrategien

Wenn das Unternehmen in die Wachstumsphase eintritt, wird es einer neuen Herausforderung gegenübergestellt: dem Wettbewerb. Die

Möglichkeiten, die ein neuer Markt bietet, ziehen Konkurrenzunternehmen an und das Produkt muss sich hervorheben, um dem standzuhalten. So erscheint eine Weiterentwicklung und kontinuierliche Verbesserung der Produkteigenschaften, ebenso wie eine Diversifizierung und das Anbieten verschiedener Varianten in dieser Phase sinnvoll, sodass sich das Produkt von den Angeboten der Wettbewerber abheben kann.

Reifestrategien

In der Reifephase verlangsamt sich der Verkauf. Damit das Unternehmen nun nicht von den Wettbewerbern überholt wird, müssen die Manager Kreativität beweisen. Dies ist der ideale Moment, um neue Marktsegmente zu erschließen, das heißt eine Marktlücke auszunutzen, indem die Produktpalette erweitert wird. Die Herausforderung ist dabei, zum einen die Kunden zu halten, die bereits erreicht wurden, und zum anderen neue Kunden anzuziehen, damit das Produkt weiterbestehen kann.

Degenerationsstrategien

Haben Marketers in der Degenerationsphase erst akzeptiert, dass die Verkaufszahlen zurückgehen, gibt es zwei mögliche Konsequenzen: Entweder modernisieren sie das Produkt, wodurch die Einführung neuer Produkte herausgezögert wird, oder sie ziehen sich ganz einfach aus dem Markt zurück.

FALLSTUDIE – LEBENSZYKLUS DES *FORD T*

Der 1908 vom amerikanischen Automobilhersteller *Ford Motor Company* entwickelte *Ford T* revolutioniert die Lebensweise der Mittelklasse. Mit der Einführung von Montagebändern, wodurch die Produktionskosten kontinuierlich gesenkt werden können, sorgt Unternehmensgründer Henry Ford (1863-1947) für Innovation in der Massenfertigung. Die Einfachheit des *Ford T* – Motor mit einteiligem Gehäuse, aus Blech geformte Karosserie und Fahrgestell mit geradem Leiterrahmen – ist für diese Art der Massenfertigung besonders gut geeignet. Jedes Detail ist danach ausgesucht, die Produktionskosten sowie den Kaufpreis zu senken. So handelt es sich bei der charakteristischen schwarzen Farbe beispielsweise um die preiswerteste, die der Markt bietet, zudem hält sie länger als andere Farben. Ford soll dazu selbst gesagt haben: „Jeder Kunde kann seinen Wagen beliebig anstreichen lassen, wenn der Wagen nur schwarz ist". Die Arbeiter wiederum arbeiten auf festen Posten am Montageband methodisch und systematisch an den Fahrgestellen, die auf eben jenem Band transportiert werden. Der Verkaufspreis des *Ford T* ist absolut erschwinglich, mit der Zeit sinkt er sogar immer weiter.

In den 19 Jahren, die das Modell besteht, wird es aus technischer Sicht kaum weiterentwickelt und durchläuft die folgenden Phasen:

- **Einführung im Jahr 1908:** Fords Innovation besteht darin, ein einfach bedienbares, äußerst erschwingliches Automobil anzubieten.
- **Wachstum bis 1914:** In dieser Zeit wird der Produktionsprozess enorm verbessert. Durch die Fließbandarbeit wird ein *Ford T* in nur 1 Stunde 33 Minuten anstelle von zuvor 12 Stunden 30 Minuten gefertigt. Die Senkung der Produktionskosten führt zu einer proporti-

onalen Reduzierung des Verkaufspreises.

- **Reife bis 1926:** Das Modell verkauft sich gut, allerdings dringen immer mehr Wettbewerber in den Automobilmarkt ein. Diese Zeit ist für die Zukunft des *Ford T* entscheidend.
- **Degeneration im Jahr 1927:** Das, was einmal die Stärke des Modells ausmachte, wird nun im Vergleich zum Angebot der anderen Akteure auf dem Markt zu seiner Schwäche: Die Einfachheit scheint gegenüber den neuen Bedürfnissen der Verbraucher überholt. Die Produktion des *Ford T* wird eingestellt, während der *Ford A* seine Nachfolge antritt.

Lebenszyklus des *Ford T*

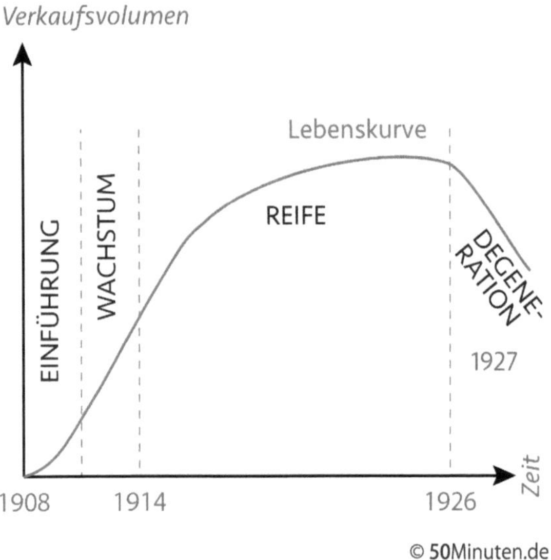

Das Beispiel des *Ford T* veranschaulicht nicht nur besonders gut die Theorie des Produktlebenszyklus, sondern auch die von Henry Ford 1907 für die Entwicklung des *Ford T* entwickelte Art der Arbeitsorganisation. Diese basiert auf Standardisierung, Fließbandarbeit sowie einem Anstieg der Kaufkraft der Arbeiter.

In der Einführungsphase ermöglicht der Fordismus (das neue Herstellungsprinzip) ein schnelles Produktionswachstum. Zudem kann so in der Reifephase ein großer Produktionsumfang beibehalten werden. Die Arbeiter produzieren tatsächlich innerhalb immer weniger Zeit immer mehr Autos.

Jahr	Produzierte *Ford T*	Produktion	Preis
1909	10.000	1 Einheit in 12 h 30 min	850 $
1910	20.000		
1911	30.000		
1914	440.000	1 Einheit in 1 h 33 min	
1917	735.000		
1922	> 1 Million jährlich		
1924	Überschreitung der 10-Millionen-Marke		
1925	44 % der Amerikaner besitzen einen *Ford T*		375 $
1927	Überschreitung der 15-Millionen-Marke		290 $

Insgesamt werden in den 19 Jahren rund 16 Millionen *Ford T* verkauft, was 1925 knapp der Hälfte aller amerikanischen Automobile entspricht. Trotz des leistungsstarken Produktionssystems bricht der Verkauf des *Ford T* rasant ein, da die starke asiatische Konkurrenz auf dem Markt zu spät bemerkt wird. Eine schnellere Reaktion auf diese Veränderung hätte die Glanzzeit des Modells eventuell noch um ein paar Jahre verlängern können.

ZUSAMMENGEFASST

- Der Wirtschaftswissenschaftler Raymond Vernon entwickelt die Theorie des Produktlebenszyklus in den 1960er Jahren in den USA, zu einer Zeit, in der das Land einen sicheren Vorteil gegenüber anderen Ländern besitzt: Die USA sind führend im Bereich der Forschung und Entwicklung, die Voraussetzung für die Einführung eines neuen Produkts.
- Vernon zufolge durchläuft ein Produkt vier Phasen, die seinen zeitlich begrenzten Lebenszyklus bilden: Einführung, Wachstum, Reife und Degeneration. Die Rentabilität des Produkts ist je nach Phase unterschiedlich.
- Die Theorie erklärt vor allem die Spezialisierungsveränderungen, denen Länder unterworfen sind.
- Vorteile: Die Theorie bietet nicht nur eine grafische Darstellung des Produktlebens und unterstützt Marketers bei der Kommunikation des Produkts an die Kunden, sondern erklärt zudem den internationalen Handel und das

Konzept des komparativen Vorteils. Außerdem wird so die Notwendigkeit von ausländischen Direktinvestitionen deutlich, mit denen dieser komparative Vorteil umgangen werden kann. So bieten ADI die Möglichkeit, sich auf anderen Märkten auszubreiten sowie Kosten zu reduzieren.

- Schwächen: Die unterschiedlichen Zyklen, die Produkte durchlaufen, sind in dieser Theorie nur schwierig voneinander zu unterscheiden. Zudem gibt das von Vernon beschriebene System vor, dass immer Innovationsbedarf bestehe, und lässt dabei andersartige Produkte außer Acht. Diese nehmen allerdings einen nicht zu vernachlässigenden Platz auf dem Markt ein, wobei nicht jedes Produkt unbedingt jede der vier Phasen durchläuft.
- Der Produktlebenszyklus kann um einige Theorien ergänzt werden: Hierzu zählen der Unternehmenslebenszyklus von Alfred Marshall, die Wachstumstheorie von Joseph Schumpeter, die Lebenszyklushypothese von Franco Modigliani, die Theorie des Wettbewerbsvorteils von Michael Porter und die BCG-Matrix.

- Die Kundenerfahrung (einfache Bedienung, Mehrwert des Produkts für die Kunden, Vereinbarkeit der vom Produkt getragenen Werte mit den Wertvorstellungen der Kunden) an erste Stelle zu setzen sowie für eine gute Sichtbarkeit des Produkts zu sorgen, hat einen großen Einfluss auf den Erfolg, weswegen diese Aspekte während des gesamten Produktlebens beachtet werden sollten.

- Das Beispiel des *Ford T* veranschaulicht den gesamten Lebenszyklus eines innovativen Produkts, das auf einem stark wachsenden Markt eingeführt wird, bevor es in die Reife- und schließlich in die Degenerationsphase übergeht.

Ihre Meinung ist uns wichtig!
Hinterlassen Sie doch einen Kommentar auf der
Seite unserer Online-Buchhandlung
und teilen Sie Ihre Favoriten in den sozialen
Netzwerken!

DARÜBER HINAUS

LITERATURVERZEICHNIS

- *Alternatives économiques.* Französisches Wirtschaftsmagazin. http://www.alternatives-economiques.fr/ (20.06.2018).

- Dutailly, Jean-Claude: *La dynamique du système productif.* Économica: Paris 1983.

- Echaudemaison, Claude-Danièle et al.: *Dictionnaire d'économie et de sciences sociales.* Nathan: Paris 2003.

- Fenneteau, Hervé: *Cycle de vie des produits.* Économica: Paris 1998.

- Grissel, Laurent; Osset, Philippe: *L'analyse du cycle de vie d'un produit ou d'un service. Application et mise en pratique.* Afnor: Paris 2004.

- Harrison, Andrew L.; Ertuğrul, Dalkiran; Ersey, Ena: *International business. Global competition from a European perspective.* Oxford University Press: Oxford 2000.

- Helfer, Jean-Pierre; Orsoni, Jacques: *Marketing.* Vuibert: Paris 2000.

- *Le dico du commerce international.* Fachwörterbuch internationaler Handel (auf Französisch). https://www.glossaire-international.com/ (20.06.2018).

- Magakian, Jean-Louis; Payaud, Marielle Audrey: *100 fiches pour comprendre la stratégie de l'entreprise.* Bréal: Paris 2007.

- Mayrhofer, Ulrike: *Marketing international.* Économica: Paris 2004.

- Melo, Jaime; Grether, Jean-Marie: *Commerce international. Théories et applications.* De Boeck Université: Bruxelles 2000.

- Prime, Nathalie; Usunier, Jean-Claude: *Marketing international. Développement des marchés et management multiculturel.* Vuibert: Paris 2004.

- Rogers, Everett M.: *Diffusion of Innovations.* 5.Aufl. Free Press: New York 2003.

- Vandercammen, Marc: *Marketing. L'essentiel pour comprendre, décider, agir.* De Boeck: Bruxelles 2007.

- Vernon, Raymond: „International Investments and International Trade in the Product Life Cycle". In: *Quarterly Journal of Economics* 80(2, 1966). S. 190-207.

WEITERFÜHRENDE LITERATUR

- Aumayr, Klaus: *Erfolgreiches Produktmanagement. Tool-Box für das professionelle Produktmanagement und Produktmarketing.* 4. Aufl. Springer Gabler: Wiesbaden 2016.

- Olbrich, Rainer: *Marketing. Eine Einführung in die marktorientierte Unternehmensführung.* 2. Aufl. Springer: Berlin u. a. 2006.

- Schumpeter, Joseph Alois: *Theorie der wirtschaftlichen Entwicklung.* Nachdruck der 1. Aufl. von 1912. Hrsg. und erg. um eine Einführung von Jochen Röpke und Olaf Stiller. Duncker und Humboldt: Berlin 2006.

- Ricardo, David: *Über die Grundsätze der politischen Ökonomie und der Besteuerung.* FinanzBuch-Verlag: München 2006.

- Vernon, Raymond: *In the hurricane's eye. The troubled prospects of multinational enterprises.* Harvard University Press: Cambridge, MA 2000.

- Wiedmann, Klaus-Peter; Fritz, Wolfgang; Abel, Bodo (Hrsg.): *Management mit Vision und Verantwortung. Eine Herausforderung an Wissenschaft und Praxis.* Gabler: Wiesbaden 2004.

MEHR AUF 50MINUTEN.DE

- Del Marmol, Thomas: <u>Die BCG-Matrix. Ein strategisches Analysetool</u>. Aus dem Französischen von Mareike Lobeck. Plurilingua Publishing: Brüssel 2018.

- Mimbang, Jean Blaise: *Greiners Wachstumsmodell. Krisen vorhersehen und effizienter wachsen.* Aus dem Französischen von Mareike Lobeck. Plurilingua Publishing: Brüssel 2018.

ISBN digitale Ausgabe: 9782808009850

ISBN gedruckte Ausgabe: 9782808010764

Pflichtexemplar: D/2018/12603/276

Cover: © Plurilingua

Digitale Aufbereitung: Primento, der digitale Partner der Herausgeber